JN440636

바람이 머물지 않는 집

시작시인선 0215 바람이 머물지 않는 집

1판 1쇄 펴낸날 2016년 9월 5일
1판 2쇄 펴낸날 2019년 5월 31일
지은이 이위발
펴낸이 이재무
책임편집 김연필
디자인 이영은
펴낸곳 (주)천년의시작
등록번호 제301-2012-033호
등록일자 2006년 1월 10일
주소 (03132) 서울시 종로구 삼일대로32길 36 운현신화타워 502호
전화 02-723-8668
팩스 02-723-8630
홈페이지 www.poempoem.com
이메일 poemsijak@hanmail.net

ⓒ이위발, 2016, printed in Seoul, Korea

ISBN 978-89-6021-290-9 04810
978-89-6021-069-1 04810(세트)

값 9,000원

*이 책 내용의 전부 또는 일부를 재사용하려면 반드시 저작권자와 (주)천년의시작 양측의 동의를 받아야 합니다.

*잘못된 책은 바꾸어드립니다.

*지은이와 협의 하에 인지는 생략합니다.

*이 책의 국립중앙도서관 출판시도서목록(CIP)은 서지정보유통지원시스템 홈페이지(http://seoji.nl.go.kr)와 국가자료공동목록시스템(http://www.nl.go.kr/kolisnet)에서 이용하실 수 있습니다.(CIP 제어번호: CIP2016019761)

*이 시집은 2016년 경상북도 문예진흥기금으로 일부 지원되어 제작되었습니다.

바람이 머물지 않는 집

이위발

천년의 시작

시인의 말

첫 번째 시집 출간 이후 15년 만에 두 번째 시집을 내보낸다.
평생 시집 세 권을 내면 좋겠다는 생각을 오래전부터 해왔다.
이제 한 권의 시집이 남았다. 언제 출간될지는 모르겠다.
하지만 그 시집이 마지막 시집이 아니길 바랄 뿐이다.

이 시집이 존재적 욕구로부터 해체해놓을 수 있는 힘이 없다면 할 수 없다.
하지만 타인에 대한 따뜻한 시선과 대상에 대한 동일성이 회복되기를 바란다.
나의 정체성과 그 증거를 위해 말들이 성성한 이 시대에
또 다른 의미의 나무가 되길…

—이하 松霞詩舍에서

차 례

제2부

제3부

제4부

해 설

제1부

그대 떠난 빈자리에

바람이 불었다
그대가 초승달처럼 절정을 향해 치달릴 때
하늘은 그을린 솥단지 바닥처럼 시커멓고
구름장은 한 군데도 틈새가 없었다
사납게 일렁이는 나뭇잎들의 물결에
손금 같은 산봉우리들이 비에
파랗게 질린 채 서 있었다
봄날 벌레처럼 의식은 벅찬 감흥으로 차올라
목련나무 잎들은 하나의 욕망이고
기도이고 눈물이고 회한이었다
그대와 마주치는 신비한 순간
나뭇잎들도 물보라 되어
몰려오고 솟구치고 날아다녔다
눈물보다 더 비극적인 그대의 미소
어떻게 내 심장이 비둘기의 둥지일 수 있으며
어떻게 우리들의 편지들이 구구거리며
날갯짓을 한다고 생각할 수 있는지
안개는 엉긴 우유처럼
짙어지고 있는데

바다의 전설

놀도 스러져가는 바다는 자욱한 어둠에 잠겨
갈매기는 바람에 쫓기듯 가쁜 날갯짓으로 날고
파도는 선창 발치에 악어 이빨처럼 몰려왔다 밀려가고
저 혼자 물결을 세웠다 엎으며 뒤척인다
산허리로 빠지는 인적 끊긴 자드락길엔 억새가 울고
바다에서 시작된 바람이 일렁거리자 서산에 걸린 햇살
마저 붉어
순결한 사랑이 소멸되면 파도처럼 생성되긴 힘들다
맑은 햇살 아래 바다는 앓는 짐승이 되자
사람 무서운 줄 모르는 고양이 한 마리가
아장걸음으로 대숲에서 나와 바다의 어둠을 보지 못한 채
집어등의 불빛만 쏘아 보고 있다

애월에서

길을 걷는다는 것은
그리움을
채우기 위해서라고 하지만
애월담 등나무 사이로
몰락하는 붉은 해가
더 슬퍼지는 것은
술잔에 떨어지던 달의
전설 때문이라고
석양에서 온 풍문이
낮달처럼 가슴으로 파고들면
당신을 위해 눈물을 적시고
있는 그대는
이백의 그림자인가

연

이마 색깔에 따라
먹꼭지나 홍꼭지라 불러보고
반달 모양의 표지가 붙어 치마 양 귀퉁이에
갈개발이 나부끼던 파란 겨울 하늘 바라보며
대추나무 위로 날리던 가오리나 나비처럼
구멍 없는 네모난 방패는 약간의 실수에도
곤두박질하며 땅에 꼬라박는데
구멍 뚫린 것은 어설프지만 잘도 나는데
왼쪽이 기울면 오른쪽 갈개발을
오른쪽이 기울면 왼쪽 갈개발로
이마에 있는 살은 조일수도 풀 수도 있지만
아무리 못났어도 중심을 잡아주면
누구나 흉내 낼 수 없는 삶의 묘기를 부리는데
계산이 안 맞아도 움직일 수 있는
네모난 가슴 한복판에 둥그런 구멍 하나쯤
뚫을 줄 알았던 너

복사꽃

복사꽃이 풍기는 요요작작한 기운 때문에
복사꽃밭에 들어서면 음탕한 무녀들에 둘러싸인 것 같은
이승과 저승이 한 덩어리가 되어 있었네
복사꽃밭에 들어서면 세상은 수백만 마리 벌들이 잉잉거리는 소리가
내 귀에는 아기 울음소리로 들렸네
그 소리에 바닥 모를 심연으로 떨어지는 것 같아
정신의 사정射精을 하고 말았네

걷는다는 것은

눈앞에 보이는 것이 생각으로 다가올 때
내 눈은 게을러도 좋아 책임지우지 않아도 좋아
수평이 되어 있을 때나 수직이 되어 있을 때나
누워 있을 때나 서 있을 때나
의자에서 보내는 삶이 원숭인지 인간인지
앉은 자세로 생각할 때 생각은 엉덩이가 하고
본성은 수용적이며 평화적일수도 있지
다리를 뻗을 때처럼

숨어들다

전등이 밤을 몰아낸 줄 알았더니
밤은 사람의 가슴으로 숨어들어가
지우기 어려운 어둠이 되었다는 생각
세상의 어둠은 빛 앞에서 소멸이 아니라
보다 은밀한 곳으로 숨어든다는 생각

한 권의 책으로 내 옆에 누워 있는 그림자

바람에 의해 아름다워지는 너

너의
입술이 열리는 동안
귓바퀴 사이로 바람이 꼬물꼬물 들어와
신발코처럼 동그랗게 말려 올라간 키 너머로
바람을 타고 움직이는 것들이
배꼽에서 개미가 기어 나오듯
쭉정이는 밖으로, 알찬 것들은 안으로 들어와
너의 말, 너의 몸짓, 너의 눈빛, 너의 음성이
합궁하듯 긴장감이 팽팽할 때
시계 소리는 상쾌해지고
먹이를 통째로 삼킨 뱀이 여유 부리며
시간을 들여 되새김질하듯
바람을 일으켰다 잠재우고
파란 하늘에 싹이 트는 꽃씨에
꽃망울 터지듯 눈물겨워지는
너는

땅을 딛고 있는 발끝에서

해변의 모래톱에 찍힌 흔적들 위에 앉아 있던 물새와 몸을 숨긴 조개들, 모래판 같이 부드러운 그 위를 손가락처럼 딱딱하고 뾰족한 것으로 긁어야 하는 것이 글이라면, 영토를 표시하기 위해 호랑이가 나무 등걸을 발톱으로 자국을 내듯이, 우리가 만들어낸 최초의 붓이 손톱이었다면, 그것이 뼈나 나뭇가지가 되고, 오래 간직하기 위해 돌 위에 새겼듯이, 펜에 힘을 주고 쓰면 종이는 찢어지게 되고, 쓰는 것이 아닌 긁는 것으로 흔적을 보여줄 수가 없듯이, 찢어지는 법이 없는 섬세하고 오묘한 정신의 리듬까지, 부드러움을 잡은 손이 움직이려면 어깨에 힘을 주어야 하고, 어깨에 힘을 주려면 가슴에 힘을 주어야 하고, 가슴에 힘을 주려면 허리에 힘이 있어야 되고, 허리힘을 받으려면 떠받치고 있는 발끝이 땅을 딛고 있어야 하듯이, 긁는 것이, 찍는 것이, 새기는 것이, 쓰는 것이, 붓이라면……

상처, 그 쓸쓸함에 대하여

열차를 타고 달리는
사라진 그대 앞에서
겸허하게 고개 숙이듯
당신의 끌림에
짙은 속눈썹에
매달린 물방울을
빨아주고 싶었다.
한쪽 귀로 듣고
한쪽 눈으로
보기 싫어

상처, 그 외로움에 대하여

아무것도 아닌 것이
모든 것이 되기도 하는
슬픔의 까닭이 결핍이듯이
결핍이 없는
나의 시선은
균형을 잃고
손을 흔들어 보았지만
그대는 표면과 이면의
양날을 품은 채
눈꺼풀이 커튼 열리듯
달덩이 하나 쑤욱 올라와
보란 듯이 바람맞은 가슴을
두드리기 시작하는데

상처, 그 가치에 대하여

그림자가 푸른 물에 잠겨봐도 옷 젖는 것은 아니지만
꿈속에 푸른 산을 걸어봐도 다리가 아픈 것은 아니지만

상처에 상처를 내면 상처가 아니듯이

꽃들의 생각

꽃잎 한가운데 샛노란 수술을 달고
마치 접시에 황금빛 촛불을 밝혀 놓은 듯
그 꽃은 그림자를 드리우고
수면에 투영된 그림자가
꽃을 흉내 내고 있다는 생각,
물속의 그림자가 주인인 줄도 모른 채
꽃들이 그림자를 흉내 내고 있는지
그림자가 꽃들을 흉내 내고 있는지
세상은 한 벌이 아닌
두 벌이 있다는 생각,

나무를 바라보며

나뭇가지에 붙어 멈춰 있는 듯
움직이는 달팽이
잠시 한눈파는 사이
어디로 갔는지 보이지 않고
나뭇가지들은 뱀처럼 꿈틀거리고
나뭇잎들은 날름거리는
뱀의 혓바닥처럼 흔들리는데
나뭇잎이 떨어지지 않으려고
나무를 향해 미련한
몸짓으로 버둥거려 보지만
지나온 것들과 앞으로 마주칠 것들이
닮은 데가 있듯이
가지 사이로 보이는 별이
오래전에 죽은 별일 수도 있음을
뒤로 한 채
떨고 있는 너

제2부

그곳에 가면……

그곳에 가면
물처럼 잡히지 않고
때론 부드러워
미끄러지는 바다가 있다
가슴을 열면
팽팽한 가야금 현이 되어
돌처럼 무겁던 귀가
어느새
동백꽃으로 열리고
내가 만났던
파도를 닮은 사람들

노을을 하염없이 바라보던
떠돌이 개
갈매기를 삼킬 듯이
솟아오르던 붉은 등대
청어처럼 누워 있던
등푸른 방파제
적당한 바람과 넉넉한 햇살로
소설 속 첫 문장처럼

잘 버무려진
그곳에 가면
아직도 남아 있는
마지막 여분의 미소

슬픔이란 아름다움과 맞닿아 있다

문틈 사이로 침입한 불빛이 쇠스랑처럼 박힐 때, 지네가 기어가듯 등골이 서늘한 그대의 몸은 엿가락처럼 흐물흐물 풀어지고, 소년은 머리칼에 묻은 안개를 털어내면서 몰래 눈물을 훔친다.

냄비에 달달 볶은 게처럼 소년의 얼굴이 빨갛게 익어가고, 애써 웃음 짓던 액자를 떼어놓은 빈 공간엔 하얀 손수건 한 장이 달랑거리며 문풍지 바람에 날려 강물처럼 흘러간다.

핏빛으로 젖은 나무가 저마다 가슴에 품고 있던 기운을 내뿜을 때, 소년은 담벼락에 쪼그려 앉아 자신의 살을 상처인 양 떼어내듯 하늘도 얼룩덜룩 피어난 하얀 곰팡이를 지우고 있다.

계절이 덤불의 쭉정이를 따라 바뀌듯 바람은 허연 침을 흘리며 텅 빈 방안을 핥아대지만, 작은 떨림을 믿고 새벽을 꿈꾸며 나비잠을 자는 소년 머리 위로 이파리 하나가 팔랑대고 있다.

그림자놀이

당신은 그림자 하나 가지고
이 세상에 나와
내 가슴에 깊숙하게 드리워 놓고
내보다는 당신 그림자가 더 황홀하다고
거짓이 아님을 증명해보려고 하지만

연꽃보다는 연꽃의 그림자가
대나무보다는 대 그림자가
더 아름답다는 것을

그림자는 숲 뒤편에 있고
향나무가 디디고 선 뜰아래에 있고
강물에 있고 내 마음속에 있고
그림자 속에 달이 있는데……

적요에 눈을 뜨다

그대 안에서 몸을 열었던 단청 위로 다시 안개가 내립니다. 일상의 조각들을 그대로 묻어 둔 채, 아득히 멀어져가는 풍경의 울림이 꼬리를 물고 새벽하늘과 맞닿을 때, 그대의 눈에선 하늘로 향하는 산 너울이 꿈틀거립니다. 닿아 있는 그 자리에서 수평선은 적막으로 굳어가겠지만, 익사한 혼돈은 희뿌연 가루를 둘러 쓴 서리처럼 상처를 덮어준 채, 가시나무에 손발이 베여도 도마뱀처럼 사지를 뒤틀며 절벽의 탑 위로 올라갑니다. 시간의 바람이 그대를 스쳐지나가도 시선은 시간의 적요에 눈을 뜹니다.

별리

가을 나무에선 빗방울이
황소 눈물처럼 뚝뚝 떨어지는데
슬픈 예식을 치르듯 먼 길을 떠나는 나에게
너는 숲속이 안방인 양 꿈을 꾸듯이 미소만 짓고 있느냐
한땐 쉼 없이 흘러가고 있는 저 강의 팔자가 부러웠지만
물이 그릇 따라 모양을 바꾸듯
우리 또한 인연 따라 움직이는 것을
채찍 같은 가을비가 숲을 때리고 있는 지금
햇빛이 소름끼치도록 환한 이유가
너의 눈물이란 것을 나는 몰랐었네.

모든 것이 다 변하는데

빛이 있고 없는 그 사이
붙지도 않고 떨어지지도 않는
그대는 언덕 아니면 강물인 것을
점점이 박힌 그 길 위로
석류꽃은 떨어져 화전이 되고
불두화는 이슬에 젖고
옥잠화는 눈에서 깨어난 듯 맑은데
아름다움마저 슬픔과 맞닿아 있어
슬픔의 까닭이 결핍이라면
결핍이 없는 아름다움도
그대의 시간 속으로
숨어
버린다면

개망초

구절초도 아닌 것이
쑥부쟁이도 아닌 것이
아버지 상여가 밟고 간 밭두렁에도
지천으로 피어나 눈길 한번 받지 못하고
배다른 누이처럼 구박받던
멀쩡하던 것도 몹쓸 것이 되고
모두가 헛되고 헛되듯이
하잘것없이 뭉개져버리는
개소리, 개꿈, 개떡, 개죽음같이
가만히 들여다보면
미운 구석 하나 없는데
달밤에 하얀 꽃밭 위를 지나가듯
사람의 손길이 잠시라도 뜨면
언제 들어갔는지 자신의 터를
제 집으로 삼아버리는
의미 없음에도 존재하는 엄연함에

바라보기

쪼그려 앉아 바라보면
주변 풍경이 달라 보이듯
건널목 앞에 기다리며
멀거니 서 있을 때는
보이지 않던 것들도 보이고
아무것도 보이지 않아도
신호등 쳐다보는 마음이
조급해지진 않았는데
나와 상관없다던
담장을 물끄러미 바라볼 때
아카시아 향기는 숨어 있던
도둑처럼 느닷없이 들이닥쳐
그 향기에 취해 두리번거리는 사이
강을 따라 올라가던 유람선이
꽃상여처럼 보이기도 하는데
동네 골목 구석에 처박혀 있던
입간판이 우울해 보이는 것도
제자리를 지키지 못해서이지만
작아서 보잘 것 없고
눈에 잘 띄지도 않고 있어도

모른 척 시치미 떼고 느끼는
감정에 따라 보이기도 하고
사라지기도 하는
늘 가까이에 있는
앉은뱅이꽃도 보지 못하는

인생

오늘을
괄호 안에 넣어보고
풀어보고, 지워보고
내일을 위해 찝쩍거려 보지만
낫달 말뚝에
박혀 있는 소 한 마리
소의 목엔 올가미가 걸려있고
그림자는 올가미 끈이
베푸는 괄호까지만
돌고
돌고 도는데

그곳을 찾아서

그곳에 시간이 스며들면 영원히 미끄러지듯 슬픔이 여름 하늘에 뜬금없이 나타나는 먹구름처럼, 어슬어슬한 푸른 새벽 이명이 되어 그대의 눈빛 속으로 새파랗게 날선 불빛으로 파고들 때, 내 발은 꿈에 붙들려 물처럼 잡히지 않았다.

나를 봐! 내가 잡히지?
허우적대는
그리움

그대에게 묻고 싶다

시든 분꽃처럼
스산하게 웃고 있는
너를 봐!
시간은 만져지지 않고
비누처럼 미끄러지기만 하지
너의 발자국은
변함없이 물이 되어
흐르고
가둘 수 없는 빛으로
꽃들이 하나도 없이
황량한 도로 위에
하늘이 떨어지는 것을
무서워하며
네가 가진 시간 속의
눈빛이 과연

살아날 수 있을까?

그 길에 눕고 싶다

비밀을 삼키고 잠들어 있는
그 길은 한쪽 발을 담근 채
어둠 속이지만 새파랗게 날선
낫의 눈처럼 빛나
자세히 들여다보면
불길한 떨림처럼 미세한 파장이
공기를 타고 묵직한 아픔으로
다가온다
이마를 묻고 잠들어 있는
그 길을 안고 떠나야 하지만
팔이 없고 다리마저 없이
시치미 떼고 하얗게 엎드려
여전히 위협적인
그 길에 눕고 싶다

잔상

곱기도 해라
탐욕의 속성으로
햇살을 빨아들이는
붉은 등

매화의 꽃샘은
잎새 끝에
매달려 낙화를
꿈꾸고

벽화에 박힌
겨울의 잔상은
휘청거리듯 어지럽게
그네를 탄다

어느 날 오후

장미가 거품처럼
붉게 흘러내리는 날
벌 한 마리가 일직선으로
장미를 향해
날아가고
나비는 이리저리
곡선을 그리다가 꽃 위에
앉는데
불꽃처럼 곱게
흘러가던 수련도
터질 것 같은
두려움에
뿌리가 안개에 덮이면
뿌리가 자라
커지는지도 모른 채
비처럼 침만 흘리고 있는
어느날 오후

제3부

비와 나무 사이

상처받고 다치는 것이
자신인 것을 알면서도
비는 무엇을 위해 제 몸을 날려
마구잡이로 깨어지고
부서지는가
빗물이 길과 나무들 깊숙이
스미어 번지고,
이편과 저편의 경계는
슬며시 지워지고
잠을 자고 있는 사람과
물먹은 나무들이 보이고
잠은 나무를 먹고, 사람은 물을 먹고,
빗물로 만나는
살 터진 우산처럼
불안한 사이

슬픔이 뭔지 모르는 그대에게

너에게 화가 난 것은
내 슬픔을 얘기했기 때문에 그것으로 끝나는 줄 알았지

그것이 아니라고 얘기했지만 슬픔은 꽈리처럼 터지려고만 했지
너에게 화가 난 것은

그 슬픔에 손을 내밀어 닦아 주고
아침저녁 내 눈물로 가꾸고
미소와 간사한 사랑으로
보살펴 주었지만
슬픔은 밤낮으로 자라고 자라
마침내 열매가 맺혔지
내 슬픔은 너를 보고
그 슬픔이 나의 것이라는 것을 알아버렸지

내 슬픔이 나무에 걸쳐 있는 줄도 모르고

착각

사월의 서릿발에
울음을 멈춘 두견새는

먼 곳의 애먼 소쩍새에게
우는 흉내만 내고 있네.

틈과 틈 사이

한 개의 눈을 가진 외눈박이 새는 하늘만 쳐다보다 나머지 반쪽을 만나 노을 속으로 사라지고, 눈이 넷 달린 물고기는 천 미터 물속에서도 빛의 거울로 사물을 볼 수 있다는데, 눈이 세 개인 낙타는 비뚤어진 세상을 바로보기 위해 등에 눈을 달고 다닌다는데, 두 개의 눈을 가진 너는 사랑에 눈이 멀어 한 문장에 집착하는 이유는?

술 한 잔

완전한
선택의 자유는

술 · 한 · 잔

모든 사건은
하나의 단어
하나의 문장

끝없는 이야기의
모든 문자도

한 · 잔 · 술

질투

춘설 위에 걸린
여린 고드름
한 입 물고 싶어
입 벌렸더니
미궁에 빠지듯
입속으로 떨어지니
달디단 갈증만 줄 뿐
입안은 깔깔하니
조화치곤 희한하다만
개운치 않은 뒤끝이
꽃샘의
질투 때문인가

그대 잘 계시는지

햇살이 뿌린 온기를
노을이 가슴으로 안으며
서녘으로 스며들 때
누이 젖꼭지 같은 작은 풀꽃에
그대의 흔적이 숨어 있는
솔직한 계절 앞에서
여전히 땀만 흘려보내고 있네

버릴 것 하나 없는 뭇 별이
마당 위에 뿌려질 때
흙이 부풀어 오르듯
그대의 소박한 저녁 밥상에도
축복 받은 달빛 한쪽
모서리마저 이울지 않게
옆에서 지켜봐주게

봄날은 간다

차지도 덥지도 않은 적당한 두께의 나른함을 덮고
깊지도 얕지도 않은 적당한 술잔에 애틋함을 담아

가랑비가 솔솔 내리듯
여인이 나풀나풀 움직이듯
취중은 장자인지 나비인지 모를
몽롱한 꿈을 꾸듯

사람이 사람에게로 가는

생각, 생각, 생각

물 위에 스치는 그대의 그림자를 잡으려 할수록 더 헝클어지듯

어제의 일상은 어김없이 찾아오고 밀려난 오늘은

이전의 나날들과 우리들 기억위에 내려앉을 때

번져가는 의식을 다스리지 않으면 스스로 함정에 빠지게 되는 생각

그, 길을 따라

어메는 나막신 신고
메밀꽃 핀 그, 길을 따라
걸음으로 디뎌서 가는 세상의 굴곡에
먼저 닿아 있었고
날것이 날개 치는 이 땅의
깊이를 들여다보지 못한 채
걷는 동안만이라도 그, 길이 아니기를
소반 위 정화수에 빌고 빌었는데
지나가고 나면 그, 길의 기억은
아지랑이처럼 가물거리고
아배의 노래 소리만 하늘에서 내려와
어메 마음속으로 흘러들어
지나오는 길과 다가오는 길이
다르지 않듯이 오늘도
불편하게 다리를 이끌며
그, 길을 걷고 있다.

풍문

석천면 장터거리
아네모네 술집 애향이와 눈이 맞아
안개꽃 자욱한 밤에 야반도주한
서방 찾아 나선 만석이 어메가
까바우모테 몸 던져 죽은 지 사흘 뒤
봄바람 타고 장터거리에 나타난
머리에 꽃을 꽂은 여자는
마실 어르신네들이 만석이 어메 혼령이
원수 갚으러 왔다고 수근대지만
뽀오얀 먼지 일어서는 길섶에
석천행 버스 투덜대며 지나가면
머리에 꽃을 꽂은 여자가
치마에 돌멩이를 주워 담는 것은
서방 만나 한풀이 하기 위해
그 짓거리 한다지만
어느새 몰려온 마실 조막손들이
돌팔매질을 해대면
돌멩이를 돌로 보지 못한 채
시루봉에 걸려 있는 석양을
바라보며 히죽거리는 그녀의

뒷모습은 만석이 어메를 닮았다

일월산

차가운 초승달이
먹다 남은 빵 쪼가리 마냥
생기 없는 눈빛으로
방문을 흘끔거릴 때
허우적대는 호롱불 밑에
쪼그려 앉아
가랑이 터진 내복 사이로
꼬물거리며 기어 나오는 이를
손톱으로 죽이는 것이 싫증나
화롯불에 던지자
타닥! 타다닥!
그 소리, 그 재미에
뱃속에선 꼬륵 꼬르륵
새 지저귐으로 들리지만
방안에 누워 있던 너는
가을 파리처럼 가고 있었구나
엄동설한 무수한 꼬챙이로
살을 후비듯 우리를 남겨두고
그 흔한 엄마! 소리 한번
불러 보지 못한 채

서리 앉은 가마니에 둘둘 말려
숨도 쉬지 못하는 너의 영혼
등 굽은 아버지 지게 올라타고
애기봉으로 떠나는데
녹지 않은 잔설의 따가움에
어쩔거나!

각시탈

이끼 낀 묘비명의 갈라진 틈 사이로
눈물 같은 이슬이
잔을 올리던 내 손을 부끄럽게 만들고
복주로 마신 술이
휘어진 아버지의 등 뒤에서
석양으로 녹아내릴 때
뽀듯이 가슴 미어져 오는
마을 누각의 풍경소리가
나를 어둠 밖으로 밀어 낸다

뒷산 성황당에서
당방울이 달린 당대를 잡고
알지 못할 주문을 외며
무진생 풍산신씨 각시탈을 쓰고
할매는 할배의 무등을 타고
이 길을 따라 들어오셨다
음산했던 당방울 소리는
갈잎의 미세한 떨림으로 남아 있고
그림자를 따라오던 달빛은
갈라진 논바닥 사이로 숨어버렸다

종가집 마루에 켜놓은 백열등은
선술집 아낙의 붉은 입술이 되어
마당에서 벌어지던 굿판에
광대들의 목청 돋우는 소리가
환청처럼 파고들고
꿩 깃을 꽂은 지주들은
하늘의 두려움 때문인지
소를 죽인 백정에게 삿대질할 때

산전수전 다 겪은 할미탈이
넋두리로 생을 마감하면
잡귀와 잡신을 쫓아내던
그때의 광대들은 다 떠나고
할배의 눈을 닮은 소년만이
소를 끌고 마을로 들어설 뿐
솟대 같은 당산나무 줄기엔
눈물만 흘러내리는데

화두

적멸의 동굴 속이다
말벌의 침입이다

목련이 떨어진다
서글픈 광대의 몸짓이다

쓸쓸한 찰나이다
생사불문의 술잔이다

어미 소가 운다
음-메 하고 운다

제4부

자두나무

자두나무 숲 속에 들어서면
선홍색의 유성들이
크리스마스트리처럼 빛을 뿜어내듯
쏟아지는데

농부의 붉은 땀방울처럼
더 낮은 곳을 향해 느리게 걷듯
너의 배려가 가지 끝에 매달려
하얀 꽃무리로 피어나고

조그만 지구의 알을 품고 있는
자두꽃 성에선 꽃술이 어깨를 부비며
꽃눈들의 용틀임을 바라보는데
나비의 꿈은 피어나고

씨방이 베푸는 사랑의 힘으로
우리들을 유혹하고 있는 이 순간
변신을 꿈꾸며 또 다른
지구의 알을 품고 있는 너는

바람이 머물지 않는 집

세라믹 접시처럼 팔랑거리는
한줄기 바람이
하나의 원으로 울릴 때

빛의 냄새가 그림자에 녹아
미세한 파문으로
머리칼을 당기던 소리

깊숙이 울리는 지층에선
해일의 탄생을 알리며
흔들리는 지붕을 핥는 소리

푸른 하늘의 오른손에 얹혀
한없이 기울고 있는 기둥의
불가사의한 미소

빈 집

부서진 어깨에 치장을 한
그림자가 어둠을 가르고
길을 나서자
발치에 떨어진 벚꽃은
수줍은 계집처럼 달빛에 떨고
빛마저 의식하지 못하는
깊은 밤 혓바닥을 늘어뜨린 채
마지막 밤이 숨을 몰아쉬고
맥빠진 신음 소리 뒤로하고
생명이 움트면 목마른
사람들이 스러져 밤을 새던
그 집에서
짙은 향내를 발하던
꽃바람에 흠뻑 젖어 있는
또 다른 그림자

여우 굴

내 추억은 바위보다 무거워
거북이 껍질이 되었다가
코끼리 발바닥이 되었다가
권태 속에서도
먹이를 노리는 승냥이로

땅과 나 사이에 존재하는
모든 벽으로부터의 탈출은
죽음이겠지만
그 벽을 투명한 유리로 만들어
수액 가득한 나무뿌리가 되어
황홀경에 빠져 있던 그곳

너무 완벽하고
너무 영원한 것이어서
불멸의 크기로 확대되는
끝없는 공허감에
하나의 형상마저도
가둘 수 없던 초라한 집

기억의 집

지나온 기억의 집은
두터운 화장을 한 퇴물 작부의
흘리는 미소보다 허망하지만
존재하지 않는
본적이고 주소다

상주의 미소

아버지 등에 올라타고
문상에서 돌아오는 길
밤의 속도는 너무 느리다
눈먼 가로등은
두 팔을 벌린 전봇대를
보지 못하고
빗자루 같은 가로수는
달이 사라진
하늘만 쓸고 있는데
가든지 서든지
쉼 없이 깜박이는
황색의 신호등은
내 눈을 닮았다

상주의 얼굴만큼
문상객들로 넘쳐나는
어둠을 넘긴 영안실
아버지와 동거한 지 일 년
안고, 닦고, 치우고,
딱 하루 지켜주지 못한

아쉬움을 강조하며
그 냄새, 그 향기가
그렇게 달콤할 수 없었다고
하늘나리꽃을 닮은 상주는
지금도 아버지 등에 업혀
미소 짓고 있다

보고 싶다

봉천동 복개천 생선구이집
그곳에 가면
사람 냄새가 진동을 하고
그 냄새에 취하는
화장실 옆 한 귀퉁이에
붙어 있는 광고 포스터
그녀의 가슴을 가리고 있는
꽁치, 과메기, 청어, 메뉴판
보고 싶어도 눈치가 보여서
몰래 한번 봐야지는 그냥 하는 말
정말 보고 싶다면 어때,
소주 한잔 더 할까?
그녀의 가슴은 생선들이 지키고
자세히 들여다보면 누군가
몰래 열어본 흔적이 남아 있는데
술에 취한 사람과
약이 필요 없는 사람이
마음을 숨기면서
술 한 잔에 가슴을 흥정하는 곳
구이집 주인은 근엄한 상술로

메뉴판으로 다시 막아버린
바다 속에 빠져버린 가슴

사라지는 모든 것은 아름답다

그대는 말했습니다
눈송이는
녹을 수밖에 없고
풍선은
터질 수밖에 없고
가슴으로 불지 않는
바람은
칼이 될 수밖에
없다고 했습니다

얼굴에 묻은
상처를 떼어주면서
버린다고 버려지지 않듯이
볼 수 없으면 먼지도
먼지가 아니라고
십 년을 함께
걸어온 사람마저
물방울이라고 했습니다

한 때 그 길은

흘러가는 물처럼
사랑이
달빛을 덮기도 했지만
푸른 청어처럼
사랑이
눕기도 했습니다

송어는 알고 있다

낮달을 삼켜버린 강물 속의 송어와 산천어는 결혼을 하고 일 년 동안 살면서 새끼도 낳고 잘 살았다고 했습니다. 하지만 떠날 때는 말없이 함께 있고 싶어도 떠나야만 했습니다. 그것이 순리라고 생각했습니다. 헤어졌다고 헤어진 것이 아니라고 했습니다. 결국 수컷인 산천어는 하천에 남고, 암컷이 된 송어는 바다로 떠나야만 했습니다. 그러나 송어는 하천도 아닌 바다도 아닌 연못에 사는 자신이 싫지만은 않다고 했습니다. 그리곤 낮달에게 물었습니다. 너는 무엇을 믿느냐, 나는 하나님이 믿는 것을 믿는다. 그럼 하늘은 무엇을 믿느냐, 하늘은 내가 믿는 것을 믿는다고 했습니다.

함정 · 1

뒤엉킴으로 물든 수많은 발자국
기름기 빠진 푸석한 피 냄새
가랑이 벌린 훈제 바비큐
부러진 비둘기 날개에 묻은 분비물
찢어진 인형의 속옷에 묻은 타액
땅 깊숙이 하혈하듯 떨어지는 목련

또아리 튼 괴기스런 적막
십 년 동안 한 번도 대출되지 않는 책
밧줄에 몸이 칭칭 감긴 하이에나
얼굴에 퍼지는 교활한 웃음의 기호
너의 영역에서 리모컨으로 사육되고 있는
박테리아!

함정·2

반대 방향으로
가속페달을 밟는다

팔뚝에선 묵은 상처가
튀어나온다

입 속에선 창자가 씹힌다
이리 씹히고 저리 씹히고
무료하게 씹힌다

몇 년째 똑같은 화면이
반복중이다

구멍 속에 갇혀 밖으로
나오려고 머리만 굴리는

쥐새끼 같은 다람쥐

함정·3

필연만이 존재하는
그림자 없는
빛의 끔찍스러운 첫 키스는
꼬리 없는 도마뱀
우연이 변질된 연극 대본
서술로만 가능한
쉽게 휘발되는 빛의 숙명

그대의 등

햇살과 노을이
어긋나 있는
잠복중인 나비 떼
눈 먼 거북처럼
내 눈 가득한
달빛으로 스며들어

어제는
그곳에 묻혀 꿈틀대던
그대가 오늘은 여기서
죽어있는 느낌
지울 수 없는
그대의 등

팽목항을 떠나지 못하는

그는
가슴 속 담겨 있던 술병을 꺼내
뚜껑을 열면 울음이
왈칵 쏟아질 것 같은데,
그 안에서 고통이 터져 나올 것 같은데,
바다는 핏빛이고,
밤안개는 번지고, 내리고, 흐르고, 피어나고, 우는데
붉은 나무 가지에 목숨처럼 매달린
리본이 아이의 눈망울처럼 바람으로 다가오는데
그는
오늘도 건조대에 널린 빨래처럼
몸을 방파제에 걸친 채
상처받은 개구리처럼
또다시 똬리를 튼다.

해 설

타인의 마음속으로 들어가 사랑을 나누어주는 언어전도사

박형준(시인, 동국대학교 교수)

1.

이위발의 두 번째 시집 『바람이 머물지 않는 집』에 대한 글을 쓰기 전에, 그의 첫 번째 산문집 『된장 담그는 시인』(엠블라, 2014)을 틈나는 대로 천천히 읽었다.

나는 시인들에 대한 글을 쓸 때 그들이 쓴 산문을 즐겨 읽는 편이다. 시가 말하지 않은 것을 산문은 말하기 때문이다. 의외로 서정시를 쓰는 시인들은 시에 자기 내면을 직접적으로 토로하지 않는다. 서정시는 대상을 자기편으로 끌어들여 감정을 드러내는 일에 열중인 것 같지만 그 반대인 경우가 많다. 언제나 시인의 감정은 시인의 편에서가 아니라 대상의 편에 의해 통제된다. 우리는 그 대상을 사물이나 사람 또는 자연이라고 말해도 좋다. 사물이나 사람 그리고 자연 역시도 그저 평온한 아름다움만으로 존재하는 것이 아니라 우리들과 부딪치는 가운데 존재한다. 그것들은 기계처럼 인간에 의해 수동적으로 조종당하지 않는다. 자연은 사방팔방으로 툭 터져 있는 외경감으로 관광객의 찬탄을 이끌어내고 그들의 모습을 돋보이게 하는 배경 사진 같은 것이 아니다. 그것은 사물이나 사람 또한 마찬가지다. 시인은 관광객의 시선으로 세계를 보는 사람이 아니라 세계와 부딪히면서 거기서 파열하는 생의 드라마에 관심을 갖는다. 그러므로 시에 자기가 하고 싶은 말을 다했다는 사람은 시인이라고 할 수 없다. 언제나 시인은 시에 자기 말을 다 담지 못한다. 이런 예를 잘 보여주는 시로 두보의 「모옥위추풍소파가茅屋爲秋風所破歌」를 들 수 있다. 이 시는 두보가 오십 줄에 접어들어 간신히 초당 하나를 장만했는데, 그만 이 초당이 가을바람에 부서지고 말아 시인 자신이 밤새도록 내리는 비에 온몸이 생쥐처럼 젖고 있는 정경을 그리고 있다. 그러다가 날이 훤하게 샐 무렵 하나의 깨달음을 얻는 것으로 시가 마무리된다. 비록 자신의 초가집이 부서지고 말아 당장 얼어 죽더라도 비바람에도 끄떡하지 않고 천하의 가난한 선비들을 덮어줄 우뚝한 그런 집을 어디서 얻었으면 얼마나 좋겠느냐고 말이다. 다시 말하면 자기 뜻을 펼쳐보지 못하고 천하를 떠돌다가 간신히 오십 줄에 마련한 초당이 무너졌으니 그 심정이 오죽했을까마는, 그런 초당이 바람에 무너지고 비에 온몸이 젖는 순간에도 나 아닌 다른 이를 생각하는 것이 서정시에서의 시인의 감정인 것이다. 서정시는 그러므로 자기 위안과 감정에 탐닉하는 것이 아니라 언제나 대상에 자기 감정을 조금 얹을 뿐이며, 그를 통해 자기가 아닌 대상, 곧 나 아닌 것의 존재성을 부각시킨다. 이위발의 산문집에서 볼 수 있는 정경도 이와 다르지 않다. 그중 산문집에서 책의 순서대로 몇 대목 뽑아본다.

① 꽃을 바라볼 때 자세를 낮추고 보면 꽃술, 꽃잎, 색깔, 모양, 냄새, 움직임 등 다양한 모습을 볼 수 있습니다. 몸을 낮추면 '내'가 보는 게 아니라 '상대'가 새로운 발견을 할 수 있도록 보여줍니다.

—「몸을 낮추고 바라보면 또 다른 세상이 보입니다」, 27~28쪽

② 상상력이란 '세상과 사물을 맺어주는 비밀스러운 끈'일 수도 있고, 새로운 발견일 수도 있습니다. 프랑스의 인문학자인 질베르 뒤랑이 '상상력이 이성보다 힘이 세다'라는 명언을 남겼을 정도로 삶에 있어 상상력은 보이지 않는 또 하나의 세상입니다.

—「상상력이 가져다주는 즐거움」, 139쪽

③ 고향은 과거와 그 과거를 회상하는 현재의 시간과 줄긋기를 통해 끈을 이어가고 있습니다. 이 끈은 이음만이 아니라 끊어짐일 수도 있기에 더욱 애절합니다.

—「시는 어제의 고향이고 내일의 고향이다」, 177쪽

④ 시인의 길은 타인들의 마음속에 들어가 시어로 치유해주는 역할에 충실해야 합니다. 때론 친구가 되고, 누이가 되고, 형제가 되고, 부모가 되어 시어로 사랑을 나누어주는 언어전도사가 되어야 합니다.

—「이 시대에 시인으로 살아가는 길」, 234쪽

산문집에 나오는 위의 문장들에서 우리는 이위발의 시에 대한 생각을 엿볼 수 있다. ①에서는 몸을 낮추면 사물은 '내'가 보는 것이 아니라 상대가 나로 하여금 새로운 발견을 할 수 있도록 도와주는 것을 깨달을 수 있다는 것, ②에서는 그렇게 나와 세상을 연결해주는 것이 상상력이라는 것, ③에서는 고향의 발견 역시 내 자신의 기억에만 전적으로 의지하여 이루어지는 것이 아니라 현재의 시간과의 무수한 줄긋기를 통해 이음과 끊어짐이 나타나기 때문에 더욱 애절하다는 것 ④에서는 위의 과정을 통해 시인의 길이란 타인들의 마음속에 있기 때문에 그 안으로 들어가 타인과 함께 아픔을 앓아야 한다는 것. 이를 통해 시인은 시어로 사랑을 나누어주는 언어전도사가 되어야 한다는 것 등등 말이다.

이와 같이 산문집을 보면 시인이 왜 이번 시집에서 치열한 실험정신 대신 고향이나 치유적 상상력 등에 눈길을 주고 있는지 알 수 있다. 이것은 시인의 말에 잘 드러난다. "존재적 욕구로부터 멀어져 해체해놓을 수 있는 힘이 없다면 할 수 없다. 하지만 타인에 대한 따뜻한 시선과 대상에 대한 동일성이 회복되기만 바란다. 나의 정체성과 그 증거를 위해 말들이 성성한 이 시대에 하나의 또 다른 의미의 나무이길……" 이러한 시인의 말에서 우리는 새삼스럽게 첫 시집과 이번의 두 번째 시집의 차이점을 엿보게 된다.

이위발의 첫 시집 『어느 모노드라마의 꿈』(생각하는 백성, 2001)은 고향을 떠난 자의 비극적인 도시 체험을 산문 형식으로 드러낸 시집이다. 도시에서는 고향의 언어가 상실된다. 그렇다면 고향에서의 언어란 어떤 것인가. 그것은 한마디로 노래의 언어이다. 공동체와 그 공동체를 구성하는 사람과 사물의 정서와 시인의 정서 사이에 간극이 존재하지 않으며 행복한 일치를 이룬다. 때문에 자연의 리듬과 시인의 리듬은 상호 간에 불협화가 일어나지 않는다. 반면 도시의 언어는 자연의 배제를 통해 발생한다. 따라서 언어는 그 언어 자체가 가지고 있는 존재성을 잃고 맥락에 의해서만 간신히 생명력을 유지한다. 그렇기 때문에 산문성은 도시의 언어 사용에서 필연적일 수밖에 없다. 이위발의 첫 시집은 고향을 떠난 자가 고향이 지니는 가치와 그 존재성을 극단적인 산문성의 언어에 의지해서 탐문하고 있는 시집이다. 그러면서 이 시집에서 시인은 자신의 삶을 하나의 연극으로 만든다. 그리고 그러한 시의 연극성은 자신의 시가 결코 '고향이라는 질서'를 벗어날 수 없지만, 지금 자신의 삶의 토대가 도시라는 공간에 있으므로 '고향이라는 거울 바깥의 공간'인 언어로 세계와 치열하게 부닥칠 수밖에 없다는 자의식에서 나온 것이다. 그것이 가난과 좌절로 점철된 도시체험 기록을 모노드라마라는 일인극 형식의 실험으로 드러난다.

이때 필연적으로 등장하는 시의 산문성은 자신의 삶뿐만 아니라 모든 존재의 근거를 무화시키는 도시의 '시뮬레이션' 공간을 가리키는 것이면서 동시에 그러한 산문성을 통해서만 간신히 고향과의 연결선을 찾을 수밖에 없는 자의 비애의 형식인 것이다. 이것이 "직업도 재산도 없는 이 시대의 마지막 휴머니스트인 이 가엾은 시인"(「마지막 휴머니스트」)이 택한 연극성의 실체이다. 즉, 도시에서 끊임없이 "떠남과 돌아감의 사이에서 서성"대면서도 고향을 향한 "시의 가슴이 가슴으로 남아 있는 한"(「그대는」) 자신의 시가 "시어의 공간", 즉 고향이라는 노래의 언어에서 벗어나 도시라는 산문성의 언어를 사용하게 되는 근거이다. 도시에서의 자신의 삶을 연극으로 만들었지만 이것은 어디까지나 모노드라마이기에 오로지 자신이 자신에게 연기를 해야만 하는 눈물겨운 상황이며 자기라는 존재는 스스로가 스스로에 의해 조롱당할 수밖에 없다. 그렇기 때문에 우리는 역으로 알 수 있다. 그가 첫 시집 자서自序에서 왜 할아버지에게 이 시집을 바치는지를. 아침이 되면 의관을 갖추고 정좌를 하고 사서오경을 읽으며 사랑방에서 제자들을 기다리던, 그래서 시대의 흐름에 동조하지 않고 마지막 선비의 길을 걷다 생을 마감한 할아버지에게 말이다. 그의 첫 시집은 말하자면 고향을 떠난 자가 탈향에 의해 세계와 부닥치게 되는 온갖 역정을 산문성의 언어로 드러내면서, 그 파열의 언어 곧 모노드라마를 통해서나마 안간힘을 다해 고향과 연결되고자 하는 자의 정직하고 눈물겨운 한판의 가엾은 꿈이며 연극인 것이다.

이러한 첫 시집을 출간하고 난 뒤 약 15년 만에 시인은 두 번째 시집을 내게 되었다. 그 사이 그는 다시 고향 안동으로 귀향을 하고 산문성의 언어 대신 다시 노래의 언어로 돌아왔다. 그 사이 그의 삶의 이력을 살펴보기 위해 다시 그의 산문집으로 돌아가 보자. 그의 산문집 여기저기에 나타난 것에 따르면 그는 초등학교 오학년 때 서울로 올라와 성장기를 보낸다. 성년이 되어 15년 동안 여기저기 출판사를 전전하다가 마지막 직장인 출판사가 1997년 IMF로 인해 폐업되면서 생활의 밑바닥까지 간다. 그 이후 가정사의 아픔이 겹치면서 고향인 안동으로 돌아온 것으로 되어 있다. 그는 첫 시집 자서에서 할아버지를 언급했듯이 전형적인 유교 가정에서 태어나 안동과 할아버지의 품에서 문학의 꿈을 싹 틔웠다고 한다. 따라서 앞에서 언급했듯이 고향은 도시에서의 삶에서건 귀향하고 난 뒤의 삶에서건 그의 중요한 시적 탐구 대상임을 알 수 있다.

그리고 우리가 다소 멀리 돌아온 감이 있지만, 위와 같이 그의 산문집이나 첫 시집을 참조하면서 그의 시적 세계와 삶의 변화를 살펴보는 것은 두 번째 시집의 변화를 알기 위해서 필요한 일로 여겨진다.

2.

시인은 두 번째 시집에서 '시인의 말'에서 밝힌 바와 같이 이제 '해체'보다는 '회복'을 지향한다. 타인의 안으로 들어가 타인의 상처를 어루만지고 거기서 자신의 정체성을 찾고자 하는 언어전도사가 되기로 한 것이다. 즉 "타인에 대한 따뜻한 시선과 대상에 대한 동일성"이 이 시집의 근거가 되는 것이다. 따라서 이 시집은 큰 틀에서 연시戀詩의 성격을 지녔다고 볼 수 있다. 제목만 하더라도 '그대', '상처', '쓸쓸함', '별리' 등 연인과의 사랑을 암시하는 단어가 사용되고 있는 것만 봐도 그렇다. 그러나 '사랑시'라고 해서 꼭 개인적 감성과 결부되는 것은 아니다. 엘뤼아르가 쓴 시 「자유」는 『시와 진실』(1942)이라는 시집 속에 들어 있는 시인데, 이 시는 제2차세계대전 중 독일군 점령하에 있던 시기에 쓰여진 시이다. 엘뤼아르를 일약 세계적인 저항시인으로 유명하게 만든 그의 대표작이기도 한데, 이 시 마지막 연의 한 마디 말 '자유여'를 부르기 위해 4행이 1연으로 된 20연의 장시이다. 그러면서 "나는 쓴다 너의 이름을"이라는 반복구가 되풀이 된다. 자유를 향한 저항정신과 갈망이 전체 시를 뜨겁게 지배하고 있는 이 시는, 원래 맨 처음 원고에서는 '자유여'라는 부르짖음 대신에 엘뤼아르 자신의 고백에 따르면 자신이 사랑하던 여자의 이름인 '뉘쉬'로 쓰여질 예정이었다고 한다. 실제로 레지스탕스 비행기가 독일 점령군하의 파리 상공에서 삐라로 뿌리기도 했다는 이 정치시가 사실은 연애시에서 출발했다는 점에서 보듯 연시가 정치시가 될 수도 있는 것이다. 그래서 이위발의 두 번째 시집에서 연시 형태를 띈 사회참여시를 볼 수 있다는 것은 매우 흥미롭다. 시집의 첫 시를 여는 「그대 떠난 빈자리에」와 마지막 시 「팽목항을 떠나지 못하는」에서 우리는 연시의 형태로 사랑과 사회적 아픔을 열고 닫는 시인의 태도를 엿볼 수 있다.

바람이 불었다
그대가 초승달처럼 절정을 향해 치달릴 때
하늘은 그을린 솥단지 바닥처럼 시커멓고
구름장은 한 군데도 틈새가 없었다
사납게 일렁이는 나뭇잎들의 물결에
손금 같은 산봉우리들이 비에
파랗게 질린 채 서 있었다
봄날 벌레처럼 의식은 벅찬 감흥으로 차올라
목련나무 잎들은 하나의 욕망이고
기도이고 눈물이고 회한이었다
그대와 마주치는 신비한 순간
나뭇잎들도 물보라 되어
몰려오고 솟구치고 날아다녔다
눈물보다 더 비극적인 그대의 미소
어떻게 내 심장이 비둘기의 둥지일 수 있으며
어떻게 우리들의 편지들이 구구거리며
날갯짓을 한다고 생각할 수 있는지
안개는 엉긴 우유처럼
짙어지고 있는데

—「그대 떠난 빈자리에」 전문

그는
가슴 속 담겨 있던 술병을 꺼내
뚜껑을 열면 울음이
왈칵 쏟아질 것 같은데,
그 안에서 고통이 터져 나올 것 같은데,
바다는 핏빛이고,
밤안개는 번지고, 내리고, 흐르고, 피어나고, 우는데
붉은 나무 가지에 목숨처럼 매달린
리본이 아이의 눈망울처럼 바람으로 다가오는데
그는
오늘도 건조대에 널린 빨래처럼
몸을 방파제에 걸친 채
상처받은 개구리처럼
또다시 똬리를 튼다.

—「팽목항을 떠나지 못하는」 전문

이 시집에서 지배적인 모티프 중의 하나는 '바다'이다. 시인은 바다를 공간으로 하여 이별과 그와 맞닿아 있는 상처를 애도하는 노래를 부른다. 「그대 떠난 빈자리에」는 바다가 직접적으로 등장하지 않지만 비련 가득한 어조에 의해 떠나간 님을 향한 추모헌시 같은 느낌을 준다. 특히 압도적으로 등장하는 바람과 물의 이미지가 비극적인 느낌을 준다. 더불어 "하늘은 그을린 솥단지 바닥처럼 시커멓"다든지 "안개는 엉긴 우유처럼/ 짙어"진다든지 하는 표현에서 이러한 비극의 정조가 고조된다. 그대의 떠나감이라는 사건은 너무나 충격적이어서 그 앞에서 "내 심장이 비둘기의 둥지일 수" 있겠으며, "우리들의 편지들이 구구거리며/ 날갯짓을 한다고 생각할 수" 있겠느냐고 반문하는 것에서 시인의 태도가 드러난다. 반면 「팽목항을 떠나지 못하는」에서는 직접적으로 세월호 사태로 인한 아픔이 드러난다. 전자의 시에서는 시적 화자가 시인 자신의 직접 화법으로 드러난다면 후자의 시에서는 아이를 잃은 한 '사내'의 아픔이 간접화법으로 나타나 있는 것이다. 우리는 이 두 시를 통해 타인에 대한 "기도이고 눈물이고 회한"으로서의 상처 감싸기가 따뜻한 애도를 통해 드러남을 감지할 수 있는 것이다. 이러한 연시 형태로 타인의 상처를 위무하는 언어전도사로서의 시인의 모습 안에, 그러니까 사랑에 대한 본질을 물으며 동시에 사회에 따뜻한 시선을 던지는 연시 형태의 중간 중간에 자연과 고향에 대한 시인의 정서가 사랑의 언어로 아로새겨진 것이 이 시집의 구조라고 볼 수 있다.

아버지 등에 올라타고
문상에서 돌아오는 길
밤의 속도는 너무 느리다
눈먼 가로등은
두 팔을 벌린 전봇대를
보지 못하고
빗자루 같은 가로수는

달이 사라진
하늘만 쓸고 있는데
가든지 서든지
쉼 없이 깜박이는
황색의 신호등은
내 눈을 닮았다

상주의 얼굴만큼
문상객들로 넘쳐나는
어둠을 넘긴 영안실
아버지와 동거한 지 일 년
안고, 닦고, 치우고,
딱 하루 지켜주지 못한
아쉬움을 강조하며
그 냄새, 그 향기가
그렇게 달콤할 수 없었다고
하늘나리 꽃을 닮은 상주는
지금도 아버지 등에 업혀
미소 짓고 있다

—「상주의 미소」 전문

시인의 산문집에 따르면, 시인의 아버지는 2007년 음력 1월에 돌아가셨다. 시인에게는 아버지와의 추억이 깊게 배인 삽화가 하나 있다. 산문집에 들어 있는 이야기를 소개하면 다음과 같다. 시인이 초등학교 오 학년 때 고향 마을에 불어 닥친 교육열로 시인은 자신의 의지와는 무관하게 서울로 떠밀려갔다고 한다. 그래서 큰집에서 더부살이를 하게 되었는데 한 집에 같이 살던 한 살 터울인 조카에 대한 큰어머니의 내리사랑이 너무 노골적이어서 상처를 입고 중학교 일 학년 때 큰집을 나가 독서실에서 혼자 생활을 하게 되었다는 것이다. 가출한 지 한 달이 지난 후 아버지가 서울로 올라오시고 결국 아버지 손에 이끌려 시인은 다시 고향으로 내려오게 되었다. 그때 고향으로 돌아오는 열차 안에서 아버지는 손수 깐 삶은 계란 두 개를 시인에게 말없이 내밀었고 시인은 아무 말도 하지 못한 채로 눈물만 뚝뚝 흘리며 그 계란을 받아먹었다고 한다. 그 후 시간은 흘러 아버지가 돌아가시기 몇 시간 전, 시인은 아버지께 내게 하실 말이 있으면 하라고 묻는다. 그때 아버지는 마지막 저녁 식사를 하고 이빨도 닦으시고는 "잘 사니 됐다"라는 마지막 말씀을 남기신다. 「아버지의 침묵이 너무 그립습니다」라는 산문에 나오는 삽화이다. 여기서 알 수 있는 것처럼 시인의 아버지는 시인이 그토록 닮고 싶어 했던 할아버지와 마찬가지로 유교적 가치관이 몸에 밴 분이라는 것을 알 수 있다. 자식을 닦달하는 설익은 꾸지람이 아니라 자신의 반듯한 행동으로 침묵을 통해 자식 사랑을 보여주신 시인의 아버지. 우리는 위 시에서 그런 아버지를 여읜 시인의 마음이 따뜻하게 전해 옴을 느낄 수 있다. 그것은 입의 달콤한 거짓된 말로 오는 것이 아니라 사랑으로 데워진 등으로 온다. 아버지와 함께 어느

집 문상을 다녀와서 집으로 돌아가는 늦은 저녁, 시인은 아버지 등에 업혀 있다. 그것을 시인은 "아버지 등에 올라타고/ 문상에서 돌아오는 길"이라고 적는다. 문상이라는 죽음의 이미지보다 이 시의 첫 구절부터 밝음이 연상되는 것은 아버지와 아들이 등을 통해 따뜻한 교감을 하고 있기 때문일 것이다. 사랑은 말로 하는 것이 아니라 따뜻한 등의 침묵으로 한다는 것을 이 시는 1연에서 보여주고 있다. 반면 2연에서는 이제 돌아가신 아버지의 장례식장을 무대로 하고 있다. 타인의 죽음이 아니라 직접적인 육친의 죽음으로 시적 무대가 설정되어 있는 것이다. 이 시의 시적 화자가 1연에서 타인의 죽음을 따뜻하게 받아들였듯이 2연에서 문상을 온 사람들을 따뜻하게 받아들일 수 있는 것은 아버지의 '등'이 있었기 때문이다. 2연에 따르면 시인은 아버지의 병수발을 들면서 아버지의 등에서 나는 "그 냄새, 그 향기"에 의해 "지금도 아버지 등에 업혀" 있는 꿈을 꿀 수 있었기에 아버지의 죽음 앞에서 "미소"를 지을 수가 있었던 것이다.

위의 시를 통해 알 수 있는 이위발의 두 번째 시집의 특징은 시인의 추억에 의해 재구성된 이별의 모티프가 중심이며, 그것이 사라진 것들에 대한 그리움과 그로 인해 다시 회복할 수 없는 절망감이 중첩되어 나타남을 알 수 있다. 그러나 시인은 "그대의 소박한 저녁 밥상에도/ 축복 받은 달빛 한쪽/ 모서리마저 이울지 않게/ 옆에서 지켜봐주게"(「그대 잘 계시는지」), 또는 "사람의 손길이 잠시라도 뜨면/ 언제 들어갔는지 자신의 터를/ 제 마당으로 삼아버리는"저녁 밥상이

나 개망초 등에게서 "의미 없음에도 존재하는 엄연함"(「개망초」)을 발견한다. 세 편의 '상처' 연작시가 보여 주는 것과 같이 이별과 상실이 자아내는 그 쓸쓸함과 그 외로움, 그리고 그 가치에 대해 시인은 애도의 형식으로 상처를 깊게 삭여 부드럽지만 간절한 목소리로 떠나간 님의 자리마다 꽃을 뿌리듯이 애타는 사랑의 노래를 부르고 있다. 그리고 그것이 타인을 향한, 타인의 내부로 숨어들어가는 아름다움과 맞닿아 있는 슬픔의 언어로 나와 타자가 함께 서로를 위해 울어주는 연시를 통해 형상화되어 있는 것이다. 이러한 시적 세계는 자신이 상처받는 줄 뻔히 알면서도 제 몸을 타인에게 던지며 부서지는 '비雨'와 같이, 이슥고 나무와 사람에게 스며 이편과 저편의 경계를 지우고 모든 만물이 "빗물로 만나는" 그런 "살 터진 우산처럼 불안한 사이"(「비와 나무 사이」)의 풍경에 비유할 수 있을 것이다.

앞의 시에서 보듯 시인은 오랫동안 방황하던 서울살이를 끝내고 고향에 내려왔다고 해서 결코 자연이나 사람에게 쉽게 귀의하지 못한다. 가령 다음과 같은 시가 이러한 시인의 심정을 잘 보여준다. "지나온 기억의 집은/ 두터운 화장을 한 퇴물 작부의/ 흘리는 미소보다 허망하지만/ 존재하지 않는/ 본적이고 주소다."(「기억의 집」) 여기에 무엇을 더 보태랴. 다만 여기서 알 수 있는 것은 오래되고 사라져가는 것들이지만 엄연하게 존재하는, 이 시에 따르면 "존재하지 않는/ 본적이고 주소"인 고향은 현재의 시간과 행복하게 만나는 추억의 끈으로 이어지기도 하고 불화로 끊어지기도 한다는 것이다. 그러나 가장 낮게 자세를 낮추고 바라보면 그 불안한 동거 속에서 내 안의 새로운 것들을 깨어나게 하는 새로운 발견들이 넘쳐난다. 시인은 그러한 고향과 상처를 입은 존재들에게 이 시집에서 사랑과 애도의 노래를 건네는 것이다. 다음과 같은 시는 이러한 타인과 고향을 향한 시인의 노래가 결코 끊어질 수 없음을 하나의 문장, 하나의 입말로 슬프면서도 유장한 아름다움으로 전해준다. 또한 이 시는 이 시집의 성격을 압축해서 보여주는 시인의 작시법 같아 유념해서 읽게 된다는 것을 부연해둔다.

쪼그려 앉아 바라보면
주변 풍경이 달라 보이듯
건널목 앞에 기다리며
멀거니 서 있을 때는
보이지 않던 것들도 보이고
아무것도 보이지 않아도
신호등 쳐다보는 마음이
조급해지진 않았는데
나와 상관없다던
담장을 물끄러미 바라볼 때
아카시아 향기는 숨어 있던
도둑처럼 느닷없이 들이닥쳐
그 향기에 취해 두리번거리는 사이
강을 따라 올라가던 유람선이

꽃상여처럼 보이기도 하는데
동네 골목 구석에 처박혀 있던
입간판이 우울해 보이는 것도
제 자리를 지키지 못해서이지만
작아서 보잘 것 없고
눈에 잘 띄지도 않고 있어도
모른 척 시치미 떼고 느끼는
감정에 따라 보이기도 하고
사라지기도 하는
늘 가까이에 있는
앉은뱅이꽃도 보지 못하는

—「바라보기」 전문